BOXER AND BRANDON
BOKSER I BRENDON

www.kidkiddos.com
Copyright©2015 by S. A. Publishing ©2017 by KidKiddos Books Ltd.
support@kidkiddos.com

All rights reserved. No part of this book may be reproduced in any form or by any electronic or mechanical means, including information storage and retrieval systems, without written permission from the publisher or author, except in the case of a reviewer, who may quote brief passages embodied in critical articles or in a review.
Sva prava zadržana.
Second edition, 2019

Translated from English by Nada Stojilkovic
Prevela sa engleskog Nada Stojilković
Serbian editing by Daliborka Djurdjevic
Uredila na srpskom: Daliborka Djurdjevic

Library and Archives Canada Cataloguing in Publication Data
Boxer and Brandon (Serbian Bilingual Edition)
ISBN: 978-1-5259-1736-3 paperback
ISBN: 978-1-5259-0768-5 hardcover
ISBN: 978-1-5259-0766-1 eBook

Please note that the Serbian and English versions of the story have been written to be as close as possible. However, in some cases they differ in order to accommodate nuances and fluidity of each language.

Inna Nusinsky
Illustrations by Gillian Tolentino

Hello, my name is Boxer. I'm a boxer. I'm a type of dog called a boxer. Nice to meet you! This is the story of how I got my new family.

Zdravo, moje ime je Bokser. Ja sam bokser. Ja sam vrsta psa po imenu bokser. Drago mi je što sam vas upoznao! Ovo je priča o tome kako sam stekao svoju novu porodicu.

It all started when I was two years old.

Sve je počelo kada sam imao dve godine.

I was homeless. I lived on the street and ate out of garbage cans. People got pretty mad at me when I knocked over their trash cans.

Bio sam beskućnik. Živeo sam na ulici i jeo sam iz kanti za smeće. Ljudi su se prilično ljutili na mene kada prevrnem njihove kante za đubre.

"Get out of here!" they would shout. Sometimes I had to run away really fast!

"Sklanjaj se odavde!", povikali bi. Ponekad sam morao da bežim stvarno brzo!

Living in the city can be hard.

Živeti u gradu može biti teško.

When I wasn't looking for food, I liked to sit and watch people walk by on the sidewalk.

Kada nisam tražio hranu, voleo sam da sedim i gledam ljude kako šetaju trotoarom.

Sometimes, I would look at people with my sad eyes and they would give me food.

Ponekad bi ih pogledao svojim tužnim očima i oni bi mi dali hranu.

"Oh, what a cute doggy! Here, have a snack," they would say.

"Oh, kakav sladak psić! Evo, gricni nešto", rekli bi.

"Brandon, don't feed that dog! He'll just come looking for more," exclaimed his dad. Brandon pulled the sandwich back.

"Brendone, ne hrani tog psa! Samo će doći da traži još", uzviknuo je njegov tata. Brendon je povukao nazad sendvič.

So close—I could smell the butter! Parents never want to share with me!

Tako blizu – mogao sam da namirišem puter! Roditelji nikada ne žele sa mnom da dele!

I whined as pitifully as I could as they walked away.

Dok su se udaljavali, zacvileo sam što sam žalosnije mogao.

After that, I decided to take a nap. I was having a wonderful dream.

Nakon toga, odlučio sam da odremam. Sanjao sam divan san.

I was in a park and everything was made from meat! The trees were steaks! It was the best dream ever.

Bio sam u parku i sve je bilo napravljeno od mesa! Drveće kao šnicle! To je bio najbolji san ikada.

Something woke me up, though. Right in front of me was a piece of a sandwich! I jumped to my feet and gobbled it down.

Ali, nešto me je probudilo. Tačno ispred mene bilo je parče sendviča! Skočio sam na noge i halapljivo ga pojeo.

Mmmmm! It was so good! Just like my dream.

Mmmmm! Bio je tako dobar! Baš kao moj san.

"Shhh," said Brandon. "Don't tell Dad." *What a nice little boy*, I thought to myself.

"Pst", reče Brendon. Nemoj reći tati. Kakav fini mali dečak, pomislio sam u sebi.

Day after day, Brandon would come visit me and give me a snack. Then, one day…

Dan za danom, Brendon bi dolazio da me poseti i donese užinu. Onda, jednog dana…

I was just about to eat it all when I thought of something. *Brandon always brings me food when I'm hungry. If I eat his food, then he'll be hungry.*

Baš sam se spremao da sve pojedem, a onda sam se setio nečega. Brendon mi uvek donosi hranu kada sam gladan. Ako ja pojedem njegovu hranu, onda će on biti gladan.

"I'm coming, Brandon!" I howled.

"Dolazim, Brendone!", zavijao sam.

He and his dad were way down the street. I ran after them with the brown bag in my mouth.

On i njegov tata su već zamakli daleko niz ulicu. Potrčao sam za njima sa braon kesom u ustima.

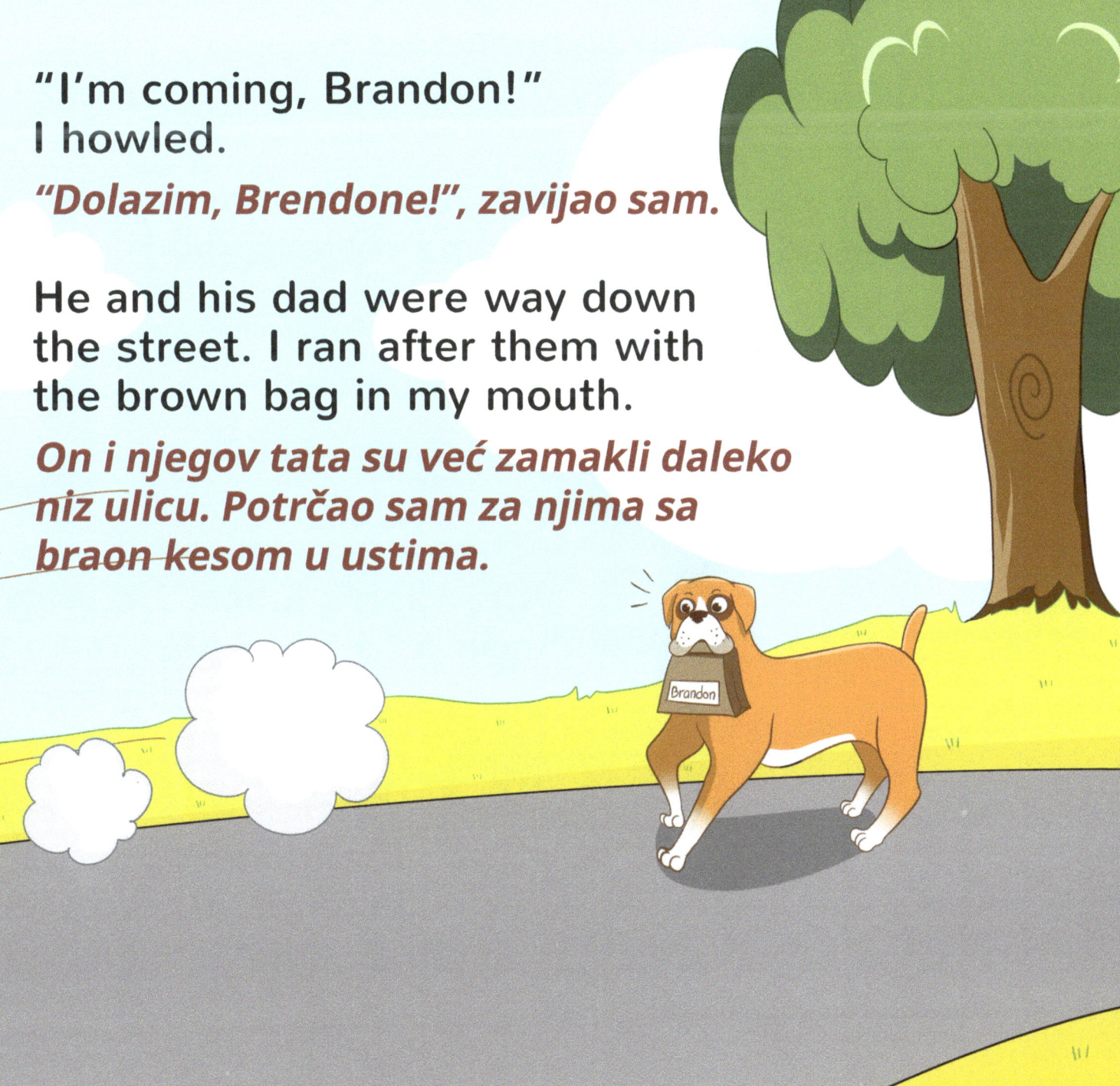

As I was passing an alleyway, I saw a cat. I hate cats! I forgot about my mission and dropped the bag.

Dok sam prolazio pored prolaza, video sam mačku. Mrzim mačke! Zaboravio sam na svoju misiju i ispustio kesu.

"Bark, get out of here, cat!" I barked.

"Av, slanjaj se odatle, mačko!", zalajao sam.

Then I remembered Brandon's lunch. He was going to be hungry if I didn't bring him his lunch!

Onda sam se setio Brendonovog ručka. On će biti gladan ako mu ne odnesem njegov ručak!

It was hard, but I forgot about the cat. I picked up the brown bag again and started running.

Bilo je teško, ali zaboravio sam na mačku. Ponovo sam podigao braon kesu i počeo da trčim.

Further down the street, I stopped again. A butcher shop!

Malo dalje niz ulicu, ponovo sam stao. Mesara!

There were pieces of meat and sausages hanging everywhere. Mmmmm...

Komadi mesa i kobasice su visile svuda. Mmmmm...

Wait! I had to bring Brandon his lunch or he was going to be hungry!

Čekaj! Morao sam da odnesem Brendonu njegov ručak ili će biti gladan!

It was hard, but I forgot about the meat. I grabbed the lunch and started running again.

Bilo je teško, ali zaboravio sam na meso. Zgrabio sam ručak i ponovo počeo da trčim.

I turned a corner and stopped. There was another dog wagging his tail.

Skrenuo sam u ulicu na ćošku i zaustavio se. Tu je stajao drugi pas mašući repom.

"Hi, want to play?" he woofed.

"Zdravo, hoćeš da se igraš?", zalajao je.

"I sure do!" I answered. "Oh, wait, I can't right now. I have to bring Brandon his lunch."

"Naravno da hoću!", odgovorio sam. "Oh, čekaj, ne mogu sada. Moram da odnesem Brendonu njegov ručak."

It was hard, but I forgot about playing. I grabbed the lunch and started running again.

Bilo je teško, ali zaboravio sam na igranje. Zgrabio sam ručak i ponovo počeo da trčim.

I could see the school—and there was Brandon with his dad! I ran as fast as I could.

Mogao sam da vidim školu – a tamo je bio Brendon sa svojim tatom! Trčao sam što sam brže mogao.

Stopping in front of Brandon, I dropped his lunch bag on the sidewalk. Just in time!

Zaustavio sam se ispred Brendona i ispustio njegovu kesu sa ručkom na trotoar. Tačno na vreme!

"Look, Dad, he brought my lunch!" exclaimed Brandon.

"Vidi, tata, doneo je moj ručak!", uzviknuo je Brendon.

"Wow, he sure did. That's amazing!" said his dad. They both patted me on the head.

"Vau, stvarno jeste. To je sjajno!", rekao je njegov tata. Obojica su me potapšali po glavi.

Brandon was happy and so was his dad.

Brendon je bio srećan, kao i njegov tata.

In fact, his dad was so happy that he brought me home. He gave me a bath. He gave me food!

U stvari, njegov tata je bio toliko srećan da me je poveo kući. Okupao me je. Dao mi je hranu!

Now when Brandon and his dad go walking, I get to walk with them. And when they go home, I get to go home with them!

Sada kada Brendon i njegov tata idu u šetnju, ja šetam sa njima. I kada idu kući, ja idem kući sa njima!

I love my new home and my new family!

Volim svoj novi dom i svoju novu porodicu!

www.ingramcontent.com/pod-product-compliance
Lightning Source LLC
Chambersburg PA
CBHW040640100526
44584CB00042B/4309

9781525917363